三禮圖

SAN-LI-T'U

TABLEAU DES TROIS RITUELS.

TRAITS DE MŒURS CHINOISES AVANT L'ÈRE CHRÉTIENNE,

PAR

M. C. DE HARLEZ.

EXTRAIT DU JOURNAL ASIATIQUE.

PARIS.

IMPRIMERIE NATIONALE.

M DCCC XC.

SAN-LI-T'U.

TABLEAU DES TROIS RITUELS.

三禮圖

SAN-LI-T'U

TABLEAU DES TROIS RITUELS.

TRAITS DE MŒURS CHINOISES AVANT L'ÈRE CHRÉTIENNE.

PAR

M. C. DE HARLEZ.

EXTRAIT DU JOURNAL ASIATIQUE.

PARIS.

IMPRIMERIE NATIONALE.

M DCCC XC.

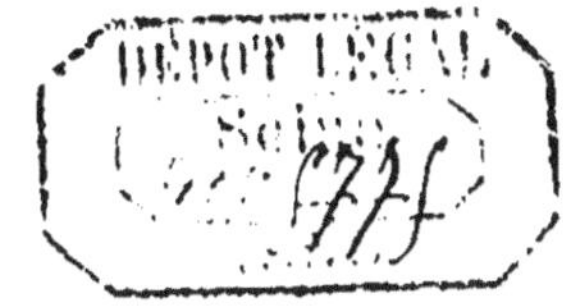

三禮圖

SAN-LI-T'U.

TABLEAU DES TROIS RITUELS[1].

TRAITS DE MŒURS CHINOISES AVANT L'ÈRE CHRÉTIENNE,

L'exposé que nous présentons ici des vases et autres objets employés dans les cérémonies de la Chine antique est tiré du *San-li-t'u* ou tableau des trois (livres ou espèces de) rites. Cet ouvrage très intéressant est l'œuvre d'un lettré du Ho-nan du nom de Nie-shi[2], qui vivait au x⁰ siècle de notre ère. Il était directeur du Grand-Collège impérial sous Taï-tsou, le fondateur de la dynastie des Songs. Travaillant sous l'inspiration du savant monarque occupé lui-même de la recherche et de l'étude des livres anciens, il lui présenta son ouvrage achevé vers l'an 970 (?). Il l'avait composé pour répondre au désir du souverain de rétablir, autant que possible,

---

[1] Litt. des trois rites ; le *Tcheou-li*, le *Li-ki* et l'*I-li*.
[2] Son nom entier était Nie-tsong-y.

les règles des actes religieux et civils dans leur splendeur primitive. « Les Rites, en effet, comme le dit Nie-shi dans son introduction, étaient tombés dans l'oubli. Bien plus, certains lettrés les avaient exposés d'une manière erronée; le trouble, l'incertitude et l'erreur s'y étaient répandus ; un tel état de choses menaçait la société par l'ébranlement de ses bases essentielles. » Pour mettre fin à ces maux et faire connaître d'une manière claire et simple les prescriptions des anciens rituels, notre lettré ne crut pouvoir mieux faire que de mettre sous les yeux du public, par des figures expliquées, tous les objets, tous les instruments dont on pouvait avoir à se servir et dans la forme prescrite par les anciens rituels. « Rien de tel, s'écrie-t-il, que les tableaux! » Comme nous disons aujourd'hui : *Brevis via per exempla.*

De nombreux siècles le séparaient des temps où ces règles avaient été posées, où ces formes avaient été fixées; mais il avait sous la main des matériaux qui lui facilitaient son travail. Le système des tableaux avait été, ainsi qu'il nous l'apprend, inauguré par l'illustre commentateur Tcheng dont il est si souvent parlé dans les commentaires de l'*I-li*, comme on peut le voir dans notre traduction[1]. Après lui et vers le milieu des temps de la dynastie des Hans était venu Yuen qui compléta les tableaux de son

[1] Voir *I-li*, le plus ancien rituel de la Chine, traduit et commenté pour la première fois. Paris, Maisonneuve, 1889. Introduction et *passim*.

prédécesseur. Puis Hia-Heou-tchang, sous le règne de Siuen-ti des Hans (73-43 A.-C.), mis en prison[1] avec le président du tribunal criminel, Hoang-pa, par le conseil des ministres, utilisa ses loisirs forcés en commentant les Kings et traçant également des représentations des habillements, ustensiles et autres objets.

Tels furent les principaux documents dont l'auteur du *San-li-t'u* fit usage pour composer son livre, et il y mit, il faut l'en croire, les soins les plus minutieux, afin de reproduire, avec une exactitude aussi parfaite que possible, les usages antiques. Il s'efforça de répondre au désir du souverain « qui voulait remettre en honneur les lois de Yao et de Shun et rétablir les règles tracées par les Hia et les Shang ». C'est pourquoi « il s'attacha à présenter les rites complets de l'antiquité, de tout résumer dans son livre, afin d'y enseigner la gravité, la dignité du maintien et faire en sorte que tout le monde observe en toute affaire les règles de la convenance ». Il avait encore, pour s'aider en sa composition, l'*Erh-ya* avec planches, qui semble remonter au III° siècle de notre ère; mais toutefois il ne le cite point.

Une nouvelle édition du *San-li-t'u* fut faite par les soins de l'empereur K'ang-hi en l'an *ping-tchen*

---

[1] Il avait voté contre une proposition de l'empereur tendant à donner à son aïeul Ou-ti un titre posthume honorifique. Notre lettré le regardait comme un conquérant mû seulement par l'ambition et nullement par l'amour de ses peuples.

ou 1686[1] et exécutée par *Tchin pe-kwang*. Elle a pour titre *Sin-ting*[2] *San-li-t'u* et ne porte pas le nom de l'éditeur. Une nouvelle préface y est ajoutée.

C'est de cette édition que je me suis servi et dont je dois parler ici. Le *San-li-t'u* est divisé en 20 *kiuens* dont la matière est distribuée avec peu d'ordre. Voici l'énumération complète des divers sujets qui y sont traités :

Kiuen I. Costumes officiels et bonnets propres à chacun d'eux. (En tout, 11 folios.)

Kiuen II. Costumes de femmes, chars ouverts et couverts, corbeilles et trépieds servant à porter les présents de noce. (8 folios.)

Kiuen III. Costume des jeunes gens avant d'avoir reçu le bonnet, avant d'avoir atteint officiellement l'âge viril; différentes espèces de bonnet, corbeilles et cassettes servant à les contenir, cordons et épingles employés dans la cérémonie de l'imposition du bonnet. (8 folios.)

Kiuen IV. Palais; Ming-tang, disposition des bâtiments, division des terres et des différentes espèces de fiefs: kong, heou, pe, tze et nân. (9 folios.)

Kiuen V. Vase *hu* et flèches servant au jeu dit *du pot*. Instruments de musique, cloches avec leurs supports, pierres sonores, luths, flûtes, etc. (6 folios.)

---

[1] Et non en 1676, comme on le dit généralement.
[2] C'est à-dire : « Nouvellement constitué, fixé ».

Kiuen VI. Buts du tir à l'arc, à l'usage du souverain et des princes ainsi que des particuliers dans les fêtes publiques. (4 folios.)

Kiuen VII. Continuation du même sujet. Tambours divers, cloches, haches et bannières employés dans les danses. (5 folios.)

Kiuen VIII. Écran du tir, arcs, flèches et porte-flèches, centres divers, bâtons, compas et autres objets servant au tir : cuir des doigts, écran, tente, bancs, nattes, flambeaux, ceinture, couvre-genoux, pantoufles, etc. (8 folios.)

Kiuen IX. Bannières et grands drapeaux, l'empereur en son char de parade et entouré de ses officiers, gardes d'escorte, parasol, lances et hallebardes. (6 folios.)

Kiuen X. Sceaux divers, insignes des magistrats et ambassadeurs, avec supports. (6 folios.)

Kiuen XI. Mesures, autres sceaux, autel des génies de la terre. (5 folios.)

Kiuen XII. Cuillers et vases, coupes diverses, louches, supports des verres, couvertures, corbeilles. (7 folios.)

Kiuen XIII. Vases et marmites, trépieds, cuillers à sauces, vases à grains, plats et assiettes. (8 folios.)

Kiuen XIV. Autres vases, couvercles et cuillers. console. (6 folios.)

Kiuen XV. Habits de grand deuil, ceintures, cordons, bonnet, bâton, sandales, cabane. (5 folios.)

Kiuen XVI. Habits de deuil de 2ᵉ ordre (*tsi*) et accessoires; des deuils inférieurs, 3ᵉ, 4ᵉ et 5ᵉ degrés. (6 folios.)

Kiuen XVII. Draps mortuaires, écailles, monnaies mises dans la bouche du mort, aiguière et bassin et autres objets servant aux cérémonies funèbres. (7 folios.)

Kiuen XVIII. Suite du précédent. Objets servant à l'ensevelissement et à l'enterrement[1] : chars funèbres. (7 folios.)

Kiuen XIX. Attelage du char funèbre royal (fong-siang), cimetière. (4 folios.)

Kiuen XX. Table explicative des matières. (9 folios.)

Le *San-li-t'u* est divisé en deux *piens* dont le premier contient 9 *kiuens*, le second les 11 autres. Le tout forme un ensemble de 135 folios ou 270 pages dont 65 dans le premier *pien* et 70 dans le second.

Le texte de Nie-tsong-y est composé principalement de fragments des rituels, des commentaires antérieurs et surtout du *Kiu-t'u* 舊 圖 ou « Tableau de l'antiquité ». L'auteur se désigne fréquemment lui-même comme ayant fait telle recherche, telle

___

[1] Il serait trop long de les énumérer.

lecture, et cela sous le nom de *Tchin-tsong-y* « le sujet
[du souverain] Tsong-y ». Nous ne pouvons nous
assujettir à reproduire ses explications tout entières ;
ce serait fatiguer le lecteur par des répétitions, des
détails inutiles, de véritables hors-d'œuvre. Nous
nous contenterons de donner ce qui a quelque importance pour l'explication du sujet.

Les Chinois, plusieurs siècles déjà avant notre ère,
avaient, comme on va le voir, un luxe considérable
de vases d'espèces, de formes et d'ornementations
différentes, servant soit aux cérémonies du culte,
soit aux repas et banquets à boire. Chacun avait
son usage, sa destination propres et ceux qui servaient au même emploi se distinguaient par les
titres et qualités de ceux qui en usaient. Certaines
catégories appartenaient tout entières à tels personnages d'un rang déterminé ; d'autres se divisaient,
selon le plus ou moins de luxe et d'ornements,
entre les divers rangs d'une même catégorie de per-
sonnes.

Le *San-li-t'u* nous donne la représentation de ceux
dont l'usage avait un caractère officiel. J'en explique
toutes les formes dans tous leurs détails. La planche
qui accompagne cet article ne les reproduit pas
tous, mais seulement un de chaque espèce, qui
peut être considéré comme le type du genre et
faire comprendre suffisamment les explications rela-
tives aux autres modèles de même forme générale.

Dans cet exposé, j'ai suivi simplement l'ordre du

texte chinois, bien qu'il pût être rendu plus méthodique; mais l'enchevêtrement des explications nous obligeait à l'observer ainsi.

Par contre, les bannières ont été rangées par catégories, la chose étant possible en ce qui les concerne.

Les trois autres sections ne comprennent chacune qu'un seul objet. Elles ont été choisies parce qu'elles ont paru spécialement intéressantes dans leur brièveté et comme spécimen du *San-li-t'u*, et parce qu'elles peuvent servir en même temps comme tableaux de mœurs en donnant une idée de la civilisation chinoise à l'époque de la dynastie Tcheou.

I. — Vases des sacrifices et cérémonies.

(*San-li-t'u*, livres XII à XX.)

1. *Wà-wù* 瓦甒. Ce vase servait aux sacrifices en l'honneur du ciel. Il est fait en terre et contient 5 peks[1]. Son goulot est haut de 2 pouces; son corps va jusqu'à terre (sans pied). Le milieu du goulot est large de 8 pouces; l'ouverture en a 10 et le ventre du pot, 12. Le fond a un diamètre de 6 pouces; depuis le goulot jusqu'au plus gros renflement on en compte 4 et depuis ce renflement jusqu'au fond, il y en a 8. Il est pourvu d'un couvercle.

Aujourd'hui ce vase ressemble à une mesure de grains[2]. (Voir la planche 1.)

---

[1] Le pek ou teou vaut 5 shengs ou pintes 1/2.

[2] C'est-à-dire le vase pris comme unité de mesure, calculée d'après le nombre de grains de riz qu'il contient.

2. Trois ts'ūn : *shin-ts'ūn*, *kái-ts'ūn* et *sán-ts'ūn*
厤 概 散. Ces trois ts'ūn ne se trouvent pas dans les
tableaux de Yuen-shih [1]. Ils diffèrent principalement
par leur ornementation et leur emploi; tous trois
contiennent 5 peks [2] de riz.

D'après le *Tcheou-li*, chapitre du *Tchang-jin* [3], au
temple ancestral, on se sert du vase *yeou* [4]; aux
sacrifices en l'honneur des montagnes, des fleuves
et des quatre régions, on employait le *shin;* aux
enterrements [5], on y substituait le *kái;* aux sacrifices
pi où l'on met en pièces la victime [6], on employait le
sán.

Ces trois vases ressemblent à une tasse à café
sans oreille et à paroi droite. Ils se distinguent par
leur décoration. Le premier a un bord uni tout en
haut; le reste est gravé en lignes représentant l'eau
et porte au milieu la figure d'une moule dite *pang*
(mince et fine). Le pied est uni et de couleur natu-
relle. Leur grandeur est la même; elle est fixée en

[1] Voir l'Introduction, p. 430, fin.

[2] Le pek ou tcou, comme mesure de capacité, contient 10 shengs
et pèse 13 livres de riz environ. Il en est un autre qui ne contient
que 5 shengs et demi et pèse conséquemment 6 livres 3/5.

[3] Gardien des parfums et préposé à la préparation du vin aromatisé; il présente les vases pour les sacrifices et libations. (*Tcheou-li*,
liv. XX, S 2.)

[4] Vase de moyenne grandeur dont le *San-li-t'u* ne donne pas la
description.

[5] Quand on enterre la victime; c'est au sacrifice en l'honneur des
montagnes.

[6] On découpe et on ouvre l'intérieur pour s'assurer si tout y est
sain et régulier, on enlève le cœur pour l'offrir.

prenant pour base l'échelle des mesures de riz[1].
L'ouverture a un diamètre de 1 pied 2 pouces.
Celui du fond est de 8 pouces; le pied est haut de
1 pouce; au bas le vase a un diamètre de 9 pouces.
Au milieu, il est de 1 pouce 5 fens. (Voir la plan-
che 2.)

Le vase dit *kái-ts'ūn* a la même contenance que
le *shin*. Il est noir avec une bande rouge pâle au
milieu et au haut du pied. Le rouge et le noir sont
des couleurs correspondantes[2]; de là son nom de
kái[3]. On l'emploie quand on enterre la victime ou
quand on la plonge dans l'eau; ce qui se fait quand
on sacrifie aux montagnes et aux forêts pour le premier cas, aux fleuves et aux eaux stagnantes pour le
second[4].

Le *san* est sans ornement; de là son nom[5]. On
s'en servait aux sacrifices où l'on dépeçait les vic-
times pour en examiner l'intérieur[6]. Cela se faisait

---

[1] Échelle semblable à notre décimètre, formée d'après une cer-
taine quatité de grains de panis. Un grain est une ligne, dix lignes
ou dix grains font 1 pouce.

[2] Ces couleurs sont fréquemment employées dans les usages
chinois pour les habillements, les ustensiles, etc.: le première est
censée représenter le Yin et la seconde le Yang. (Voir entre autres
l'*I-li*.)

[3] *Kái* signifie « ajuster, adapter ». Cp. *Tcheou-li*, art. *Tchong-jin*,
liv. XX, et *Commentaires de Tcheng*.

[4] Cp. *Tcheou-li*, art. *Ta-tsong-pe*, liv. XVIII, et *Commentaires de
Tcheng*.

[5] Tcheng n'explique pas cette affirmation peu justifiable. *San* est
« disperser, jeter » et aussi « négligent, peu utile ».

[6] Pour voir si sa poitrine est saine et conforme aux propriétés de
la saison.

quand on sacrifiait aux quatre plages et à tous les êtres[1]. On le faisait à la fin de l'année quand la glace couvrait la terre[2].

3. *Tá-lūi* 大罍. Grande urne à couvercle, de forme à peu près identique au *wâ-wù* (n° 1). Elle était toutefois ornée de figures de montagnes et de terrains divers. Elle s'employait dans le sacrifice à la terre, quand on l'offrait sur l'autel entouré d'un fossé et pour vider l'eau.

Elle était de terre. On faisait d'abord une terrasse, puis un monticule au milieu pour servir d'autel. On traçait ensuite un fossé à l'entour.

4. Les trois espèces de *tsán* 瓚 de jade[3]; grande (*tá*), moyenne (*tchông*) et *piēn* (extrême[4]). [Voir planche 3.]

Le grand *tchang-tsán* a 9 pouces de long. Le manche[5] en a 4 et 1 d'épaisseur; il est en métal

---

[1] Litt. «Aux cent choses», *per wuh.*

[2] Quand tout, sur la terre, est pris et raidi par la gelée. On sacrifie pour que la vie soit rendue aux végétaux qui semblent l'avoir perdue.

[3] Le *tsan* est un petit vase de la forme d'un demi-melon allongé, pourvu d'un manche d'un côté et de l'autre et d'un petit goulot par où le liquide s'échappe. Le *Tchoou-li* l'appelle simplement *tchang*, comme on le voit au texte.

[4] Litt. «qui est la frontière» 邊.

[5] Litt. «La flèche, c'est ce qui sort en pointe». Elle est ornée de gravures. La cuiller est le milieu qui reçoit le vin. Le bout (littéralement : «le nez») est le trou, l'ouverture par où le vin coule; c'est une bouche de dragon. Cet instrument était employé par les Fils du

jaune (or). La cuiller est bleue à l'extérieur, rouge à l'intérieur. La bouche a 1 pouce. Sa largeur est de 4 pouces. Elle est ornée d'un cordon de soie.

L'orifice est dans la bouche d'une tête de dragon qui en orne le bout et celle-ci est entourée de nuages[1] qui en forment l'ornement secondaire. Quand on sacrifie au *Tsong-miao*, ou temple ancestral, aux impératrices vénérées, et qu'on y offre le vin, on tient le *tchang-tsán* à la main et l'on s'en sert pour faire les libations, en répandant le vin par les orifices.

Le tchang moyen a 9 pouces de long; le diamètre de la cuiller est de 4; pour tout le reste il est semblable au premier, à cela près que les ornements sont moindres, il y a moins de lignes gravées. Quand le Fils du ciel fait sa tournée d'inspection et qu'il traverse des montagnes ou des fleuves de grandeur moyenne, il immole une victime, la présente en sacrifice et la fait plonger dans l'eau. En ce cas, le

ciel de la dynastie de Tcheou lorsqu'ils faisaient leur inspection de douze ans; alors, en traversant les grandes montagnes et les fleuves et sacrifiant aux esprits, ils offraient un cheval jeune ou le plongeaient dans l'eau (pour sacrifier aux fleuves). En ce cas, le prieur prenait la cuiller du grand *tchang* et la remplissait de vin aromatisé pour faire une libation. Ici Nie-tsong-i remarque que ni le texte du *Tcheou-li*, ni les commentaires, ni les tableaux de Yuen ne disent que ces instruments, le grand, le moyen et l'extrême, ont leurs ornements propres à chacun. Seulement Tcheng dit que le second en a moins que le premier, et le troisième n'en a que la moitié.

[1] Nie-tsong-i conclut ceci d'un raisonnement tiré d'un passage du *Yi-kïng*, qui porte que les nuages accompagnent le dragon, et le souffle éthéré, le tigre.

tsong-tcho[1] tient en main le *tchang* moyen et fait d'abord une libation de vin avec cet instrument.

Tels étaient l'usage et la forme originaires; mais les tableaux de Yuen-shi lui donnent un tout autre extérieur de couleur toute rouge, avec des roseaux tracés dessus, comme une cuiller à sauce pourvue d'un manche à chaque bout; à l'orifice, une tête de chien ou d'*élan*[2]. Le manche porte une queue de jeune oiseau; le tout de 1 pouce avec deux ou trois rubans, etc.

Le tchang extrême a 7 pouces; tout le reste, et l'intérieur rouge, est comme au grand tchang et au moyen; seulement les gravures sont de moitié par rapport à celles du grand. On s'en sert quand le Fils du ciel dans ses expéditions traverse de petites montagnes ou de petits cours d'eau et qu'il immole une victime ou la plonge dans l'eau. En ce cas, le tsong-tcho fait la libation avec le petit tchang.

Les trois tchangs diffèrent donc par la grandeur et le développement des ornementations. Quoique le texte ne le dise pas, on peut se servir d'une crédence ou d'un plat pour les porter; celui-ci doit avoir 6 pouces de largeur.

5. *Fang-hū; hū* carré. Ce vase (d'après le *Kiu-t'u*)

---

[1] Le *tsong-tcho* ou «prieur, invocateur de la famille, du temple ancestral».

[2] Tout ce passage est assez obscur : «Roseaux» ou «tuyaux», c'est-à-dire, je pense, des crénelures dans le manche, dans le sens de la longueur. «Élan» d'après les dictionnaires : «Animal du genre cerf, très grand» 麞.

contient un *hū* (648/68) ou 10 peks. Son ventre est rond, mais son pied et son ouverture sont carrés. On l'emploie au banquet à boire *Yēn*[1]. Le *sse-kong* 司 宮 [2] en pose deux à l'ouest du pilier de l'Est, du côté gauche, et un vase d'eau à droite. (Voir *I-li*, l. *Yēn-li*.) Ces vases sont placés là pour les ministres, les Ta-fous et les Shis. La forme carrée convient aux sujets. Les anciennes figures les représentent ornés de nuages. (Voir planche 6.)

6. *Yuēn-hū* ou « hū rond » 壺 圓. Il contient aussi un *hū*; son ventre est carré, sa bouche et son pied sont ronds; il est orné de nuages.

On voit au *Yēn-li* de l'*I-li* que les *Shi* (*Liu-shih*[3]) en posent à l'ouest de la grande porte. En ceci ils diffèrent des ministres, Ta-fous et Shis ordinaires. Il a la même dimension et le même aspect général que le précédent.

7. *Tseú-hū* 壺 酒. Vase à liqueur faite[4].

[1] *Yēn* est un banquet donné par le prince à ses officiers et magistrats, où l'on sert principalement à boire. L'*I-li*, livre VI, en donne la description complète. (Voir p. 118 et suiv. de ma traduction.)

[2] Le *sse-kong* est un intendant du palais dont les fonctions ne sont pas bien connues. Le *Tcheou-li* n'en parle pas et les commentateurs de l'*I-li* déclarent n'en rien savoir.

[3] Les Shis, dits *Liu-shih*, sont ceux qui servent dans le palais, mais n'ont pour traitement que la nourriture. D'où leur nom, *shih* « aliment, nourriture ». Les Shis sont au nombre de vingt-six, occupés à divers services et reçoivent des émoluments. Ceux qui n'en ont point de réguliers entrent dans la catégorie des *Liu-shih*.

[4] Les anciens Chinois distinguent deux liqueurs principales : celle

Ce vase contient aussi un *hū*. Son ouverture a
1 pied de diamètre; son pied est haut de 2 pouces
et large, en diamètre, de 1 pied. Il est verni rouge
et porte des ornements peints au milieu.

Il est mentionné au *Tso-tchuen*, comme employé
à porter du gruau de riz, clair.

Aujourd'hui son contenu est compté d'après la
mesure du grain. Son plus large diamètre est de
1 pied 4 pouces. Carré, il a 1 pied 1 pouce. (Voir
planche 7.)

8. *Wēng.* Ce vase (allongé avec un petit goulot)
est employé pour servir les hachis d'escargots, etc.,
conservés avec une abondante sauce de daupe[1].
Il est haut de 1 pied et contient 2 peks. L'orifice a
6 pouces 5/10 de diamètre; le ventre a 9 pouces 5/10,
le fond a 6 pouces 5/10. Son corps diminue peu à
peu (sur une hauteur) de 6 pouces.

9. *Sū-shao* et *p'u-shao* 疏 勺 et 蒲 *id.* (Cuillers,
voir planche 4.)

La *sū* est longue de 3 pieds 4 pouces et contient
1 *sheng*[2]. Elle est vernie rouge à l'intérieur et le
manche est vermillon; des figures de nuages ornent
ce manche.

qui n'était faite que d'une nuit (*li*) et celle dont la fermentation
avait été complètement achevée (*tseú*). C'est de la dernière qu'il
est ici question.

[1] Les sauces jouent un grand rôle dans les dîners des anciens
Chinois; on sert des plats de sauce isolés avec un hachis fin qui en
fait une sorte de bouillie.

[2] Le sheng 升 vaut un peu plus de 1 litre.

La cuiller *p'u* est faite comme une tête d'oiseau (renversée[1]). La mesure actuelle lui donne 2 pieds 4 pouces de manche, 8 pouces de long à l'ouverture et 4 de large; les deux bouts en ont 2 pouces et la profondeur est de 1 pouce. Elle sert à transvaser la liqueur (à la prendre au grand vase et à la vider dans les coupes).

10. *Tsio*[2] 爵. Coupe à boire. Elle est faite de bois ciselé, verni rouge au milieu; elle a 1 pied. Elle porte des nuages peints au rouge; une figure d'oiseau en orne le pied. Elle sert à boire les liqueurs aux repas. (Voir planche 8.)

11. *Kū* 觚[3]. Cette coupe a 1 pied carré; elle est vernie d'un rouge parsemé de nuages bleuâtres. C'est un vase moyen comme il convient pour boire. Il contient 1 sheng[4]. Son orifice a 4 pouces de diamètre. Le milieu est profond de 4 pouces 5/10; le fond a 2 pouces 6/10. (Voir planche 9.)

12. *Tchi* 觶. Coupe de 3 shengs[5] dont l'ou-

---

[1] Cette tête est gravée sur le dessus de la cuiller; on n'en voit proprement que les yeux et le bec. La figure donne une tête d'oiseau, mais le texte désigne un animal courant et non un volatile.

[2] Coupe servant à boire les liqueurs. C'est une sorte de calice dont la poignée est couverte par un oiseau de métal.

[3] Coupe ressemblant à une tasse à café, mince et à anse.

[4] D'autres lui attribuent 2 shengs ou litres. Les mesures indiquées dans le texte ne permettent pas même de lui donner la valeur de 1 litre.

[5] A peu près la même forme que la précédente, mais sans anse.

verture à 5 pouces de diamètre; le milieu est profond de 4 pouces et une fraction, le fond est large
de 3 pouces en diamètre. Elle sert aux repas et aux
cérémonies du temple ou funèbres, à certains
moments que l'on peut voir indiqués à l'*I-li*. (Voir
planche 10.)

13. *Kioh*[1] 角. Autre coupe de 4 shengs[2]. La
forme est la même que celle de la suivante. Elle
contient 4 shengs. Son ouverture a 6 pouces de
diamètre; son milieu, 5 pouces 4/10 de profondeur;
le fond, 3 pouces de diamètre. Le livre XIV de l'*I-li*
(grand sacrifice) dit que le président de la cérémonie présente le vin au représentant du défunt
dans une coupe de cette espèce et ne peut se servir
d'une coupe *tsio*, parce que c'est un Ta-fou infé-
rieur dont il est question.

Cette coupe et la suivante ont la même forme que
la *tchi* nº 10; mais elles ont une anse.

14. *Sǎn* 散. Grande coupe de 5 shengs[3] ayant
6 pouces à l'orifice, 5 pouces 1/10 de profondeur au
milieu et 4 de diamètre au fond.

15. *Kvǎng* 觥. Coupe (longue et étroite, un peu
courbée) en forme de corne de rhinocéros, de cou-

---

[1] Même forme avec anse. Ces différentes espèces de coupes servent
dans les cérémonies et fêtes, chacune selon qu'il est dit dans le
Rituel, comme on peut le voir à l'*I-li*, en différents chapitres.

[2] D'après les commentaires de l'*I-li*.

[3] Celle-ci sert surtout à apporter le vin commun. — Toutes trois
sont ornées de nuages.

leur bleu noirâtre. Elle était faite primitivement
d'une corne de rhinocéros même, comme on le voit
au Shih-king, *Tcheou-năn*. Des commentateurs l'ex-
pliquent encore de cette façon (*K'ong-sou*, etc.).
D'autres disent qu'elle est faite de bois en forme de
corne (*Siang-sse-shvo*). Il y a également divergence
quant à la contenance. D'après le *Kiu-t'u*, elle serait
de 7 shengs; mais le commentaire (*Sou*) ne lui en
attribue que 5. (Voir planche 5.)

Entre ces diverses espèces de coupes, il y a, outre
la différence extérieure, cette autre distinction à
faire que la *kvăng* tout comme la *tsio*, la *tchi*, la
kioh et la *kū*, dans les sacrifices du temple ancestral, n'appartiennent qu'aux grands; les petits ne
servent le vin que dans le vase *san*. Les supérieurs
lèvent la *tchi;* les inférieurs, la *kioh*. Au grand sacrifice on emploie 2 *kū*, 2 *tsio*, 4 *tchi*, 1 *kioh*, 1 *san*. Il
n'y est point parlé de *kvăng*. Celle-ci n'a donc point
de place régulière parmi les cinq espèces de coupes.

16. *Făng* 豐 [1]. Support de coupe composé d'un
plateau porté par un homme agenouillé sur le pied
du vase. On l'emploie au concours de tir, pour

---

[1] Le *fang* n'est point un verre, mais le pied, le support d'une
coupe. Il s'emploie dans les parties de tir organisées par le souverain ou quelque prince feudataire, pour éprouver l'adresse, et en
même temps pour comparer les talents, les vertus de ses fonctionnaires ou de ceux qui aspirent à l'être. Cette épreuve était considérée en Chine comme de la plus haute importance pour juger et
choisir les hommes, pour les élever en grade ou les faire des-
cendre.

poser la coupe du châtiment (celle que doivent boire les vaincus[1]). Les dimensions sont bien celles de la console ordinaire.

17. Plateaux-crédences. 枌 et 禁 *yū* et *kin*. Le *yū* sert à porter la victime, que l'on met dessus, la tête tournée vers l'est. Il est carré et a tout autour un haut bord, mais point de pied. La viande qu'on y met est séchée. Sa dimension est de 4 pieds sur 2 et 4 pouces; le bord a 5 pouces de haut; il est orné de peintures représentant des nuages, des fleurs rouges de Lathyrus(?) et autres. Il est porté sur deux bois comme ceux d'une civière.

Un autre *yū* a 7 pieds sur 2 et 4 pouces avec un bord haut de 1 pouce 1/2 et les mêmes ornements que le premier. Il sert à porter les différents plats aux banquets et sacrifices. (Voir planche 11.)

Le *kin* a 4 pieds sur 2 pouces 4/10. Il est porté sur un bois haut de 3 pouces qui le supporte tout autour. Il est orné comme le *yū;* le pied est gravé en forme de rideau plié. Le plateau est verni en rouge parsemé de nuages bleus.

Le *yū* est le plateau des Ta-fous ou « grands officiers » et le *kin* celui des *Shis* ou « officiers, magistrats inférieurs ». Le premier est aussi appelé un *kin écourté* parce qu'il n'a pas de pied.

---

[1] En Chine ce n'est pas le vainqueur qui boit le vin, mais le vaincu. La coupe, il est vrai, est de si grande dimension qu'il n'est pas agréable de la vider d'un coup. On trouverait un usage analogue dans la *Coupe de saint Hubert* de nos anciens chasseurs.

18. *Hū* 斛. Le *hū* est un vase servant à mesurer les grains et autres choses semblables. Ce genre de mesure est basé sur l'étendue occupée par un grain de millet. 1,200 *grains* font 1 *yó;* 10 *yó* font 1 *hō;* 10 *hō* font 1 *sheng;* 10 *shengs* font 1 *kió* et 10 *kió* font 1 *hū*. Le *hū* est profond de 1 pied 2/10. Il est carré à l'intérieur et rond à l'extérieur; aux deux côtés il y a une petite anse. Le creux du pied est de la contenance de 1 pek[1]. Sa forme est celle d'une coupe *tsio*[2].

19. *Fù* 釜. Autre vase de mesure, de même forme que le précédent. Il contient 6 peks et 4 shengs. D'après *Yèn-tze,* il y a quatre vases de mesure: le *teou*[3], le *k'ū* 區, le *fū* et le *tchong* 鍾. Le *teou* vaut 4 shengs; le *k'ū,* 4 teous; le *fū,* 4 *k'ū,* et le *tchong,* 10 *fū*. Le *fū* est fait d'or et d'étain pour 1 cinquième. Il est équivalent au chaudron (*ting*) dit *tchong*.

20. *Ting* 鼎. Vases-trépieds employés pour servir les viandes aux repas et sacrifices. Leur forme varie quelque peu selon qu'ils sont destinés à contenir la viande de bœuf, de mouton ou de porc.

Le *ting* à bœuf contient 1 *hū* (n° 12). Ceux de l'empereur sont d'or, ceux des princes sont d'argent.

---

[1] Passage obscur. Litt. «Son haut fait 1 *hū;* son bas, 1 pek». Le commentaire explique ceci par ces mots : «Si l'on retourne le *hū,* son fond contient 1 pek».

[2] Voir n° 10.

[3] Voir plus loin.

Le contenu est fixé d'après la mesure à grains. L'ouverture, le fond et la profondeur ont tous trois 1 pied et 3 pouces. Sur chacun des trois pieds est une tête de bœuf. Les deux autres ont une tête de mouton ou de porc selon leur destination [1].

Le *ting* à mouton contient 5 *hŭ*. Ceux des Ta-fous sont faits de cuivre et sans ornement. Comme ils ne sacrifient point de bœuf, ils n'ont que ce *ting* et le suivant. L'ouverture et le fond ont 1 pied [2] de diamètre; la profondeur est de 1 pied 1 pouce.

Le *ting* à porc n'a que 3 *hŭ*. Son ouverture et son fond ont 8 pouces de diamètre; sa profondeur est de 9 pouces.

Les Shis le font de fer et sans ornement.

Tout le monde n'est pas d'accord quant à la contenance des *tings*.

Il en est qui disent que tous trois sont de 1 *hŭ* seulement.

Les bois servant à porter les tings sont de dimensions différentes. Ils ont 3 pouces, 2 demi-pouces ou 2 pouces, selon le *ting*.

Leurs extrémités sont vernies en rouge sur une longueur de 3 pouces [3].

Chaque *ting* a un couvercle fait de joncs, d'herbes

---

[1] Les *tings* servent à apporter dans la salle du repas les quantités entières de viande que l'on veut servir aux convives. De là on la porte et on la met par portions sur chacun des plats.

[2] Selon la mesure à grain. (Voir plus haut.)

[3] Pour l'empereur, ils sont en pierre précieuse; pour les princes en or.

jointes et tressées ou cousues selon qu'ils sont longs ou courts.

La figure 20 donne la représentation d'un *ting*; il faut en retrancher les deux oreilles de côté qui appartiennent au vase suivant.

21. *Hing* 鉶. (Vase destiné à contenir les bouillons et sauces. Sa forme est à peu près celle des *tings*; il est un peu plus mince et plus haut; il a aussi trois pieds et deux oreilles placés perpendiculairement, mais de plus un couvercle de forme conique.) Ce vase contient 1 sheng; son ouverture a 6 pouces de diamètre ainsi que le fond. Les trois pieds sont hauts de 1 pouce[1]. Ceux des *Shis* sont de fer; ceux des Ta-fous, d'étain; ceux des princes sont ornés d'argent, et ceux de l'empereur le sont d'or; ces deux dernières espèces avec ornement.

Ce vase sert au sacrifice quand on immole une victime. On pose les *hings* à la suite des *tings*, et on les remplit de sauces épicées et aromatisées.

Aujourd'hui on en fait en bois.

Chaque *ting* a sa cuiller faite de bois; elle est longue de 1 pied et la partie creuse est large de 3 pouces. Le manche est recourbé et long de 6 pouces.

L'intérieur et le bout du manche sont vernis en rouge. La cuiller est faite en corne. On s'en sert pour sacrifier le vin que l'on présente dans cette

---

[1] De 2, selon le *Kiu-t'u*.

cuiller, comme aussi au petit sacrifice pour offrir
la sauce de porc (et dans d'autres occasions encore
qu'il serait trop long d'énumérer). [Pour la forme,
voir n° 20.]

22. *Sieù* 洗. Vase à eau pour se laver [1]. Ce vase
est haut de 3 pieds; son orifice a 1 pouce et demi de
diamètre; le fond a 3 pieds de diamètre; le corps
se renfle un peu vers le milieu.

Il est fait des mêmes matières que le vase précédent. Ce vase est destiné à contenir l'eau dont on se
sert soit pour se laver les mains, soit pour rincer les
coupes. On fait l'un et l'autre en toute cérémonie
comme on peut le voir aux différents livres de l'*I-li*.
On le pose en un endroit déterminé au bas de la
grande salle où se font les cérémonies. Ce vase est
orné conformément à ce principe admis sous les
Tcheous, d'après Tcheng : que les ornements des
vases doivent correspondre au contenu. Celui-ci
servant à l'eau doit avoir des ornements d'argent,
des représentations d'onde, de poissons, etc.

La forme de cette urne est celle du n° 13, mais
beaucoup plus massive et sans angles.

23. *Lūi-sieù* 罍 *id.* Vase à eau. Appelé aussi « jarre
pour se laver » *Sieù-hū*. Il contient 1 *hū*; son orifice
a 1 pied de diamètre; son goulot est haut de 5 pouces; les côtés le dépassent de 1 pouce; le corps

---

[1] Ce vase a la forme d'une grande bouteille champenoise dont
le goulot aurait été coupé à 1 pouce environ de hauteur.

s'amincit vers le bas. Il est verni en rouge au milieu. Les Shis supérieurs y ajoutent des nuages bleuâtres.

La partie la plus large du corps a 1 pied 4 pouces; le fond n'a que 1 pied. Le pied du vase a
3 pouces de haut. Il s'élargit vers le bas et là il a
1 pied 2/10 de diamètre. La hauteur totale est de
2 pieds 3 pouces. Selon l'*I-li*, tous, grands et petits,
ont des *sieù-lūi* en or; la différence des rangs ne
marque pas la grandeur.

Ce vase s'emploie dans les principales cérémonies
concurremment avec le précédent; il sert principalement à contenir l'eau chaude[1]. (Planche 13.)

Les vases à eau sont accompagnés de cuillers
(*sieù-shaō*) qui servent à transvaser le liquide.
Leur ouverture supérieure a 6 pouces de diamètre;
la partie arquée en a 3 au milieu et dans la longueur. Le manche a 2 pieds 4 pouces. Le milieu
de la cuiller est verni en rouge; le bout du manche
l'est aussi en vermillon. Le dessous de la cuiller et
le manche ont quelques ornements gravés.

24. Bassin *kvān-pān* 盥盤[2] et aiguière *ī* 匜. Le
bassin s'emploie en y versant de l'eau de l'aiguière
pour s'y laver les mains; le *pān* est le vase dans le-
quel on recueille l'eau pour cet usage. L'ouverture
du bassin a 2 pieds 1 pouce de diamètre; il contient

[1] Ceci n'est pas dit expressément, mais résulte des termes du
commentaire.

[2] Litt. «Vase pour se laver les mains». (Voir planches 14-15.)

2 peks ; l'intérieur en est verni en rouge ; le fond a 8 pouces ; sa profondeur est de 2 pouces et sa largeur, tout en bas, de 1 pied.

L'aiguière sert à vider l'eau dans le bassin pour le lavage. Les personnages élevés, le prince, le représentant d'un mort aux cérémonies funèbres ne peuvent se servir du *sieù ;* on apprête pour eux un bassin avec une aiguière.

Il en est encore ainsi de l'empereur, de l'impératrice et du prince héritier.

D'après Yuen-shi, l'aiguière contient 1 pek ; elle a, sur le côté, un goulot long de 6 pouces. Celle des princes est ornée d'ivoire, celle de l'empereur l'est d'or ; l'une et l'autre portent des nuages de couleur rouge. Son orifice a 8 pouces de long sur 1 de diamètre et son fond 6 de diamètre ; elle est haute de 4 pouces 5/10 et sa grosseur diminue vers le bas.

25. *Kvèi* et *fù*[1]. Vases dont on se sert généralement en même temps et qui diffèrent principalement par des formes opposées ; le premier est rond à l'extérieur et carré à l'intérieur. Le *fù* est tout le contraire. Ils ont l'un et l'autre un couvercle : le premier en forme de dôme et le second, plat ; tous deux portent une tortue. (Ils sont qualifiés de « corbeilles » dans les dictionnaires, mais le *Li* dit clairement qu'ils sont faits par les potiers *fang jin wei*

---

[1] Ce vase sert à mettre le millet rôti que l'on présente au sacrifice et au repas.

kvèi, ce qui doit comprendre les *fù* également.) Les *kvèi* servent à mettre le millet des diverses espèces.

Le *fù* est réservé au riz et au millet à barbes.

Le *kvèi* contient 2 peks et 1 sheng. Il est haut de 1 pied et épais d'un demi-pouce.

L'ouverture a 5 pieds 2/10 de diamètre; la profondeur est de 7 pieds 2/10; le fond est comme l'ouverture. L'épaisseur est de 8/10 de pouce; le bas du pied a 6 pouces de diamètre.

Le *fù* est carré à l'extérieur et rond à l'intérieur. Le pied est haut de 2 pouces. Il est verni en rouge.

Quand on sacrifie aux esprits du ciel et de la terre, on emploie des vases en terre cuite; de même au grand sacrifice du faubourg pour représenter la nature du ciel et de la terre. Au temple ancestral, on se sert de vases de bois.

Le *fù* a 6 pouces de diamètre à son ouverture, 5 et 2/10 au fond et 6 aussi au rond du pied; sa profondeur est de 7 pouces 2/10. Il est épais de 8/10 de pouce et le pied de 5/10.

26. *Tūi* 敦. Vase en forme de coupe à pied très bas et corps allongé, avec couvercle en dôme portant une tortue. Le *tūi* contient 1 pek et 2 shengs; il est verni rouge au milieu. Le bord est orné d'argent chez les Ta-fous[1].

Le *tūi* ressemble au *tchi* (n° 12); il a en plus un couvercle rond surmonté d'une tortue.

[1] Ou bien : « Chez les Ta-fous moyens ».

27. *Teou* 豆 [1]. Vase à haut pied et couvercle, ressemblant à un verre dont la coupe serait très plate. Le *teou* a 1 pied 2 pouces de hauteur; il est verni en rouge. Les Ta-fous moyens et magistrats supérieurs y font peindre des nuages rouges. Les princes y font mettre des ornements d'ivoire et le Fils du ciel, du jade à l'orifice et au pied. Le *Kao-kong-ki* dit qu'ils sont faits par les potiers; mais le *Li-ki* porte qu'ils sont en bois. Ils contiennent 4 shengs; leur orifice, qui est rond, a 1 pied 2 pouces de diamètre. Le *teou* est employé pour servir les mets frais et contenant du liquide; les aliments secs se servent dans des corbeilles en forme de *teous* ou dans des *teou* de bambou, etc.

28. *Teng* 登 [2]. Vase de terre destiné à servir les jus et sauces, d'une forme semblable à celle des *teous*. Il contient 1 pek et 2 shengs; son orifice a 1 pied 2 pouces.

L'ouverture du pied a 1 pied 8 pouces; il est haut de 8 pieds 4 pouces; son couvercle ressemble à celui des *teous*. D'après l'*Erh-ya*, les *teous* sont de bois et les corbeilles *teou*, de bambou; les *teous* de terre s'appellent *teng*.

29. *Tsu* 俎. Plats en forme de petites tables à quatre pieds et sans autre ornement que le verni.

---

[1] Vase servant au repas; on y met les différents mets comme sur nos plats. (Voir planche 17.)

[2] Lire 登.

La tablette est longue dé 2 pieds 4 pouces et large
de 1 pied 2 pouces. Le *tsu* est haut de 1 pied. Vernis
en rouge au bord et au milieu, ils ont deux larges
carrés noirs au deux centres.

Les *tsus* des quatre premières dynasties sont restés
les mêmes à de très légères différences près. (Voir
planche 18.)

Il y a quatre espèces de *tsu* que l'on appelle des
noms spéciaux de *kvān-tsu*, *kuē-tsu*, *keù* et *fang-
tsu*, qui n'ont entre eux que des différences insigni-
fiantes : le *kuē-tsu* a de chaque côté une barre de
bois entre les deux pieds, ce que n'a point le *kvān-
tsu*. Les deux derniers ont les pieds inclinés à droite
et à gauche. Le *keù* a une barre entre les pieds
comme le *kuē-tsu; c'est le *tsu* des Yin. Le *fang-tsu*
(du *fang*, des appartements intérieurs) est celui des
Tcheous.

La barre de bois est en dessous des pieds. D'après
le commentaire de Tcheng, *fang* serait synonyme
de *fū* « bout du pied » et désignerait la barre de bois.
Le verni est autrement distribué. Il n'y a qu'un rec-
tangle au milieu qui soit peint.

30. *I* 彝 ou coupe à libation, en forme de tasse
sans oreille, contenant 3 peks. Celle-ci porte le nom
particulier de *coupe au coq* (*Kī-ī*) parce qu'elle porte
un coq peint de chaque côté. Elle est haute de
2 pieds, large de 9 pouces à son ouverture et de
7 au fond.

Elle ressemble assez bien au *tchi* n° 12.

Les autres, plus ornées, de forme plus artistique, portent le nom et la représentation de deux faisans, de deux phénix, de palmes[1], d'yeux jaunes[2], de deux tigres ou de deux singes. Les cinq dernières sont terminées au-dessus par une sorte de petite tasse posée sur l'urne. (Voir planche 19.)

Ces vases servent aux libations dans les différents sacrifices des saisons ou intermédiaires; les deux moyens (palmes et yeux jaunes), en automne et en hiver. Les vases aux singes servent aux officiers de l'empereur. Les deux derniers aux sacrifices intermédiaires[3].

31. *Hién-tsun* et *Siang-tsun*. Vases à offrande et vases à figures[4]. Ces vases servent aux libations et offrandes aux sacrifices du printemps et de l'été; les premières à l'offrande du matin, de l'aurore; les deux autres à celle du jour. Ils ont la forme des autres *tsun*.

32. Puis quatre autres encore, les *tsun* : *tchun*, *hū*, *tai* et *shan* ou *tsun* brillant, *tsun* en jarre, grand et à la montagne. Le premier est de la forme d'une grande marmite, le second d'une urne avec goulot

---

[1] Ou de plantes à grain.

[2] Celui-ci est appelé simplement *jaune*.

[3] D'après Biot ce seraient des vases simplement peints. Niè-tong-i les représente portant une figure de bœuf ou de phénix, selon qu'on suit le commentaire de Yuen ou celui de Tcheng.

[4] Ou vase à éléphant, selon Yuen.

s'élargissant en haut, le quatrième semblable au second, mais avec un goulot moins haut, le troisième
plus trapu, plus large à l'ouverture sans pied ni
goulot, mais se rétrécissant au-dessus (planche 20).
Le *tsun* à la montagne porte la représentation d'une
montagne d'où s'élèvent des nuages.

Tous les *tsun* servent avec les *I* aux divers sacrifices dans l'ordre qui a été indiqué plus haut. On
en sert deux de chaque espèce : l'un plein d'eau
pure, l'autre de liqueur bien fermentée. Leur contenance à tous est de 5 shengs[1].

(Ces deux derniers articles ne sont qu'un résumé
du texte de Nie-tsong-i. L'auteur entre ici dans des
discussions et des détails aussi fastidieux qu'inutiles et dont nous ne pouvons fatiguer nos lec-
teurs.)

II. — Jeu du vase à flèches.

33. Il nous reste à parler d'un dernier genre de
vase qui sert, non plus aux sacrifices ou aux repas,
mais au jeu et auquel pour cette raison le *San-li-t'u*
donne une place spéciale (*Kiuen* V, *initio*). Ce vase
porte le nom commun de *hū*. Le jeu consiste à
lancer des flèches dans son ouverture. (Voir planche 21, vase et flèche.)

Le *hū* de jeu, 壺, est expliqué dans les dictionnaires modernes comme muni de trois trous dans

---

[1] Comparez *Tcheou-li*, l. XX, sect. 3, *Sse-tsun-i*.

lesquels on doit lancer successivement trois flèches.
Dans le *San-li-t'u,* c'est un vase ordinaire à gros
ventre en dessous, surmonté d'un long goulot qui
va en s'élargissant de manière à former un pavillon
de trompette, à rebord. « Le col, dit Nie-tsong-i,
est long de 7 pouces; le ventre est haut de 5.
L'ouverture a 2 demi-pouces de diamètre; sa contenance est de 1 pek et 5 shengs. »

L'intérieur du vase est rempli de petites fèves,
afin que les flèches ne rebondissent pas et n'en sor-
tent pas. Les joueurs se mettent sur une natte, à la
distance de deux flèches et demie du vase. Les flèches sont faites de bois de mûrier ou de dattier auquel on laisse l'écorce pour le rendre plus solide et
plus pesant.

Les flèches sont plus ou moins longues, selon
qu'on joue dans l'appartement intérieur du fond
de la maison (*shih*), ou dans la grande salle d'au-
dience (*tang*), ou dans la cour. Elles ont ainsi
2 pieds, 2 pieds 8 pouces ou 3 pieds 6 pouces
de long sur 4 pouces de large à la poignée; le reste
est effilé et terminé par un renflement qui finit en
pointe.

Les joueurs se tiennent debout pour lancer leurs
flèches; chacun en a quatre et l'on répète le jeu
deux fois; après quoi l'on compte les flèches entrées
dans le vase. Le vaincu est *condamné* à boire une
coupe de vin. Il fléchit d'abord un genou, lève la
coupe des deux mains et dit : « Je prends ce que
vous me donnez (à boire). » Et le vainqueur, s'age-

nouillant également, répond : « Je vous prie respectueusement de boire, de vous restaurer[1]. »

Pour cela on apporte le *fang* dont il a été question plus haut; on met dessus la coupe *tsun* du châtiment. Après que les vaincus, s'ils sont plusieurs, ont tous bu, on examine le nombre de coups heureux de chaque vainqueur[2] et l'on félicite celui qui en a obtenu le plus[3].

III. — L'AUTEL DIT *FANG-MING*.

Cet autel est élevé en plein champ en dehors des portes de la capitale, quand un ambassadeur, un envoyé part pour aller exécuter une mission de son prince auprès d'un autre. Son nom signifie « le brillant, le spirituel carré ». On l'élève et l'on y sacrifie pour honorer les esprits et s'assurer leur protection pendant le voyage.

Cet autel est en bois et carré[4]. Les six faces sont peintes de couleurs différentes : à l'est, le bleu; au sud, le rouge; à l'ouest, le blanc; au nord, le noir; par-dessus, le gris foncé, et au-dessous, le jaune.

---

[1] Litt. « Respectueuse restauration ».

[2] On compte les coups au moyen de bois-compteurs en nombre égal à celui des flèches : pour chaque coup heureux on pose ce qu'on appelle un *cheval, ma*. C'est un simple bois régulièrement taillé et long de 1 pied 2 pouces.

[3] Le *Li-ki* a un chapitre consacré à ce jeu. (Voir *Li-ki*, *l'eu-hu* 37 et commentaires.)

[4] C'est-à-dire qu'il forme un cube à surfaces carrées. Il a 4 pieds de tous côtés.

De chacun des six côtés on met une pièce de jade[1]. Les couleurs représentent les esprits des six régions[2]; les jades sont mis là pour faire honneur aux esprits.

Quand le *fang-ming* est prêt, on élève un monticule à 300 pas de la porte de l'Ouest; ce monticule doit avoir 12 sins (*sin* R. 41.9) de long sur une hauteur de 4 pieds. On y pose le *fang-ming*. On fait aussi tout autour un fossé de 300 pas en carré; on bat et on aplatit parfaitement la terre du monticule.

Cet autel est encore employé en d'autres circonstances : aux réunions des princes vassaux, quand le Fils du ciel part au printemps et conduit les princes saluer le soleil au faubourg de l'Est; en été, quand on honore (*li*) le soleil au faubourg du Sud; au printemps, quand on honore les montagnes, les rivières, les collines, au faubourg de l'Ouest; en hiver, quand on honore la lune au faubourg du Nord, ainsi que les quatre cours d'eau qui arrosent l'empire[3].

Le monticule a 12 sins[4] de côté; mais il forme trois marches successives au-dessus desquelles il y a un vaste espace comme un *tang*, avec l'autel au milieu. Chaque degré a 24 pieds, ce qui en fait 72, et le *tang* en a tout autant; ce qui complète les 96 pieds.

---

[1] Une de ces pièces qui servaient aux envoyés comme lettres de créance.

[2] Ou plutôt elles figurent les régions. Ainsi le rouge représente le midi, côté du soleil brûlant; le bas représente la terre qu'il touche et qui est censée jaune, etc.

[3] Le Hoang-ho, le Tche-kiang, le Hoei et le Tsi (au Shan-tong).

[4] Le *sin* fait 8 pieds; en tout 96 pieds carrés.

La hauteur de chaque marche est de 1 pied, celle du *tang* également; ce qui fait les 4 pieds d'élévation indiqués plus haut.

Quand les princes s'y rendent avec le Fils du ciel, ils se trouvent sur les marches, déposent leur insigne [1] et descendent, s'inclinent, remontent et s'inclinent encore, témoignant ainsi de leurs devoirs de sujets. Les Kongs alors déposent leur insigne sur la marche d'en haut, descendent et s'inclinent sur la marche du milieu. Les Heous et les Pe en font autant sur la marche suivante; les Tze et les Nan déposent l'insigne sur la marche inférieure et vont sur le sol, s'incliner. Quand ils se sont inclinés une première fois, le souverain leur envoie dire de ne plus le faire; alors ils remontent et achèvent leurs révérences au lieu où ils ont laissé leurs insignes.

IV. — Costume des jeunes gens avant l'âge viril.

L'arrivée du jeune homme à l'âge viril est célébrée en Chine par une cérémonie, l'imposition du bonnet, qui correspond à la prise de la toge virile chez les Romains. Cela a lieu à vingt ans. Jusqu'à cet âge il est compté comme un enfant, comme un homme incomplet; il ne fait encore partie que de la famille.

Arrivé à sa vingtième année, il est censé devenu

[1] Le morceau de jade de diverses formes qu'ils tiennent en main comme marque de leur dignité.

homme fait et parfait, il entre dans la communauté.
publique. Cette entrée est solennisée par l'imposition
du bonnet qu'il devra porter toute sa vie en
signe de sa virilité. On l'impose avec solennité pour
faire impression sur le jeune homme et le déterminer à vivre sagement et vertueusement comme
on l'y exhorte par les paroles liturgiques. Dès lors,
les habillements qu'il porte doivent être d'un aspect
grave et sévère. Mais, avant cela, sa coiffure, ses
vêtements sont plus ornés et ressemblent plus à
ceux des filles. Voici ce qu'en dit notre livre :

« Le *t'ong-tze*[1] (ou jeune homme en dessous de
vingt ans) porte un habillement de soie et orné de
diverses façons, de diverses couleurs. » Ainsi le porte
l'*I-li* (chapitre *De la prise du bonnet*[2]). Le *Yu-tze*
ajoute : « Le jeune homme a un habit noirâtre[3] avec
un collet, un bord brodé et une ceinture brochée
aux bouts richement ornés. De ses cheveux il fait
des nattes qu'il enlace de rubans de soie rouge[4] ; il y
passe une épingle à tête ornementée. »

D'après le *Kū-su*, il ne porte ni pantalon de soie
ni vêtement de peaux, mais une robe de soie noire,
avec collet, parements et bord de soie brodée ; une
grande ceinture de soie brochée, attachée par des
cordons de soie qui pendent aussi bas qu'elle, c'est-

---

[1] 童子.
[2] Livre I, *Shi-hvan-li*. (Voir p. 2 et suiv. de ma traduction.)
[3] Le noir est une couleur de fête et d'ornementation, en Chine,
l'opposé de deuil.
[4] Elles forment des ondulations autour du front et sur les côtés.

à-dire à quelques pouces du bas de la robe. Par ces ornements de soie et de fleurs, le jeune homme témoigne qu'en devenant homme, il acquerra une vertu brillante; la soie et les broderies annoncent que la nature et les manifestations seront bonnes chez lui comme l'étoffe, et ses ornements sont de même essence.

Le jeune homme, avant sa virilité, porte des chaussures noires sans cordon, mais avec des ornements de soie rouge.

Il est à remarquer que le *Shi-king* parle déjà des cheveux tressés des jeunes gens, cheveux formés en nattes : « Bien jeune! bien tendre! est le jeune homme avec ses cheveux en corne; on n'a pas attendu longtemps et subitement il porte le bonnet[1]. »

Le jeune homme était alors exactement coiffé comme la jeune fille; les mêmes termes sont employés en parlant de celle-ci au livre I, v, 4-6.

La figure du *San-li-t'u* (III, fᵒ 1, vᵒ) lui donne en outre deux doubles rubans de fil de soie, s'élevant au-dessus de la tête. Le costume y est à peu près identique à ceux des femmes donnés aux folios précédents. Il est toutefois à remarquer que les femmes cachent leurs mains sous leurs larges manches qui se rejoignent, tandis que le jeune homme les laisse voir, croisées entre les manches, un peu écartées.

---

[1] Livre I, sect. 3, ode 7, 3. « Jeune oh! tendre oh! le rejeton aux cheveux en cornes! Pas attendu de le voir oh! Voilà subitement, bonnet. Oh! »

Le *Li-ki*[1] dit aussi quelques mots du costume des jeunes gens, mais son auteur se place à un autre point de vue : « Un fils, y est-il dit, aussi longtemps que son père et sa mère vivent, ne porte point de bord blanc, ni à son bonnet, ni à ses vêtements. » La raison donnée par les commentaires est que le blanc est une couleur de deuil et qu'un fils, tant qu'il a le bonheur de posséder ses parents en vie, ne doit rien porter sur soi qui soit un signe de tristesse.

« Un orphelin, y est-il dit encore[2], qui tient la place de ses parents dans la maison, c'est-à-dire qui devient après eux le chef de la famille[3], ne peut porter à ces mêmes habillements un bord de couleur différente, de couleurs variées. Alors même que le deuil est fini, ajoutent les commentaires, il n'en est pas moins obligé à suivre cette prescription. Parce que ces bords à l'aspect varié indiquent des sentiments de joie qu'un orphelin ne peut plus avoir lorsqu'il tient la place de ses père et mère. Il doit être affligé d'occuper cette place, puisque cela rappelle continuellement la mort des auteurs de ses jours, et il doit témoigner constamment de cette affliction. »

[1] Livre 1, *Kiu-li*, sect. 2, S 15.

[2] *Ibid.*, S 16, *Siao-hio*, p. 133 de ma traduction.

[3] Litt. « Qui siège, qui a pouvoir dans l'appartement intérieur appelé *shih* 室 ». Il ne s'agit donc que de l'aîné.

V. — Les bannières[1].

La distribution des bannières a toujours été considérée comme une chose de la plus haute importance dans la Chine féodale, c'est-à-dire après que les souverains de la dynastie Tcheou eurent divisé l'empire en principautés vassales qu'ils avaient peine à contenir sous leur dépendance. Au *Shu-king* il n'est question que de la bannière du souverain, du roi Wu, qui la tient en main, dans son char de guerre. Elle était formée de plusieurs queues de cheval réunies, pendant à un bâton, dont la partie supérieure était recourbée. Le caractère qui la désigne contient le signe *mao* qui signifie « poil ».

Par contre, au *Shi-king* qui met en scène les princes vassaux, il est parlé de différentes enseignes qui se distinguent par l'espèce d'animal qui est représenté sur la toile de la bannière ou par la nature du composant.

Nous y voyons la *mao*, servant aux grands officiers d'une principauté ; la *yu*, ornée de figures de faucons, portée par les ministres d'État ; la *tsing*, formée de plumes de différentes couleurs à deux ou trois rangs sur la largeur et formant un long pendant ; la *tchao*, portant des tortues et des serpents ou des dra-

---

[1] Les trois dernières figures représentent les trois espèces : bannières, flammes et étendards en plumes (sans la hampe).

gons. La *tsing* apparaît au *Shi* (I, livre IV, 9-1-2)
comme portée par les mêmes officiers que ceux
qui tiennent la *mao*. La *tchao*, avec ses dragons, ses
serpents et ses tortues, semble être la bannière
royale au *Shi* (II, livre I, 8-3), bannière portée
par les chefs de l'armée, comme représentants du
roi [1].

Plus tard le nombre des bannières s'est encore
accru. Le *San-li-t'u* donne la représentation de neuf
espèces différentes qui ont toutes le même genre de
hampe, c'est-à-dire un long bois orné diversement et
surmonté d'une sorte de cou d'animal courbé en
avant et terminé par une tête de dragon dont les dents
tiennent un ruban soutenant la bannière proprement
dite. Lorsque celle-ci consiste en une large toile,
elle est en outre attachée tout le long de la hampe,
et la partie qui y touche forme une bande verticale
placée à angle droit par rapport au reste.

Ceci nous indique déjà les deux genres principaux d'étendards, les uns composés d'une toile
haute et large, les autres de plusieurs rangs de
plumes ou d'une flamme longue et étroite, d'un
mince pennon. (Voir planche 22.)

1. Le premier est le *tai-tchang*. L'étendard royal
a douze bandes horizontales portant chacune un
dragon rampant, tournés successivement en sens
inverse, l'un montant, l'autre descendant; ayant la

---

[1] Voir encore *Shi-king*, I, 4-9-2; II, 1-8-2 et 3; II, 3-5-7; *id.*, 4-
6-4; III, 3-3-2 et 8-1; IV, 3-4-4, etc.

tête les uns en haut, les autres en bas. La bannière
est faite de soie rouge.

Le dessus (la bande transversale touchant au bois)
porte l'image du soleil en haut, celle de la lune en
bas et un dragon entre les deux.

Le disque du soleil contient la figure d'un oiseau
et celle de la lune, un animal semblable à un lièvre,
semble-t-il. La tête de dragon est en or (ou dorée)
et tient en gueule les rubans qui soutiennent la bannière de soie. Un collier de longs poils termine le
cou ou partie arquée et flotte sur le bois.

Les dragons tracés sur la soie le sont au moyen
de larges lignes noires qui représentent tout le corps;
on dirait de maigres lézards à tête d'une forme
bizarre.

La hampe est ornée de doubles cercles peints
verticalement et de ronds qui les séparent à de
grandes distances. Les neuf bandes de soie représentent la constellation *ta-ho* « le grand feu », composée de neuf étoiles (le Scorpion).

Le *tai-tchang* est le drapeau du souverain qu'il
plante dans son char de parade, le *yu-lou* ou « char
de jade ».

2. La bannière *kī* 旂. Ce deuxième étendard est
semblable au premier, mais le battant n'a que neuf
bandes au lieu de douze, et la bande supérieure est
sans image des astres.

C'est la bannière que déploient tous les princes
feudataires. Toutefois les Kongs seuls ont neuf ban-

des pour représenter les neuf grands corps célestes;
les Heous et les Pe n'en ont que sept; les Tze et les
Nan, seulement cinq. Le grand peut ce que peut le
petit; mais le petit ne peut usurper ce qui appartient au grand seul. La bannière des princes flotte
jusqu'au niveau du bois d'appui du char [1]. Celle des
Ta-fous atteint le coffre du char [2] et l'étendard des
Shis descend jusqu'aux épaules [3].

3. Bannière *yŭ* 旟 [4]. Cette bannière est divisée
en sept bandes dont chacune porte deux faucons
volants placés aux deux bouts et se regardant. « C'est
la bannière aux oiseaux, dit le *Tcheou-li* [5], aux sept
bandes représentant la constellation dite *chun-hó* [6].
Son nom lui vient de ce qu'elle figure, *yŭ* signifiant
« réunion d'oiseaux sur un même arbre ». Elle représente aussi cette constellation parce que celle-ci a
sept étoiles comme l'étendard a sept bandes horizon-

[1] Le char étant ouvert par devant, on y clouait une barre transversale à laquelle on pût se tenir. Elle servait aussi à s'appuyer
quand on devait s'incliner profondément pour saluer un personnage
respectable.

[2] Les drapeaux diminuant de grandeur, leur extrémité inférieure
est de plus en plus élevée. La barre d'appui était clouée plus bas
que le haut du coffre.

[3] Le coffre du char était moins élevé que les épaules des officiers
assis dedans.

[4] D'après W. Williams, cette bannière serait triangulaire; mais
la *San-li-t'u* nous la représente carrée.

[5] Voir livre XI., art. *Tcheou-jin* ou « faiseurs de timons ». (Biot,
p. 489, II.)

[6] Formée par une partie de celle que nous appelons l'Hydre et
quelques étoiles voisines.

tales. Néanmoins il y a une bande verticale au-dessus des autres, portant deux faucons ou phénix, l'un s'élevant, l'autre s'abattant. Tous ces faucons sont au vol pour la chasse. »

Le drapeau *yū* est celui des chefs de *tcheou* et de *li* et aussi des chefs de *tcheou* dépendant d'un *siang* [1].

4. Bannière *hiūng-kī* (ou « bannière à l'ours »). La forme de ce drapeau est encore semblable à celle du n° 1 ; il a aussi une bande verticale qui s'élargit par une coupure oblique à partir de la toile principale. Celle-ci est divisée en six bandes pour figurer la constellation *fā*, composée du même nombre d'étoiles [2]. Bien qu'appelé l'*étendard de l'ours*, il porte des tigres alternant avec les ours, trois de chaque espèce, marchant vers le bâton.

Les bandes et le bâton ont la même hauteur que ceux du *tai-tchang*.

Il appartient aux Ta-fous des Siangs et leur est conféré par le roi, en son nom.

5. Bannière *tchaó* [3] 旝 (ou « à la tortue enserrée

---

[1] Cp. *Tcheou-li*, livre XXVII, S. *Sse-tchang*.

[2] Il est difficile de déterminer exactement les étoiles qui en font partie ; les uns l'appellent le *Quatuor d'Orion* ; d'autres, le *Baudrier joint à deux étoiles de l'Épée*. D'autres ont d'autres vues.

[3] Ce mot en lui-même n'a aucun rapport avec le nom des animaux qui figurent sur la soie ; c'est simplement une bannière de bon augure.

d'un serpent »). Celle-ci n'a que quatre bandes avec une cinquième transversale.

Les bandes horizontales portent chacune une tortue qu'un serpent enlace de ses replis et qui marche vers la hampe. La bande verticale porte une tortue montant et suivie d'un long serpent déroulé.

Celle-ci, par ses quatre bandes, représente la constellation appelée *ying-shih* ou « demeure des guerriers [1] », composée de quatre astres.

C'est l'étendard propre aux chefs des districts aux frontières. Le serpent indique la prudence dont ils doivent user, leur vigilance [2].

. . . .

Les drapeaux suivants ne sont que de simples fanons ou en ont la forme, s'ils sont composés de plumes. Il y en a quatre espèces; l'étendard en plumes est le dernier. Les trois premiers ont la forme d'une longue flamme fendue au milieu aux trois cinquièmes de sa hauteur, terminant en deux pointes obliques du seul côté intérieur et continuant la ligne droite extérieure du battant. Ces bannières sont :

6. Bannière *tchēn* 旜. La flamme est composée d'une bande de soie rouge éclatant, ce qui est la couleur propre à la dynastie Tcheou. Elle est sans aucun

---

[1] Le carré de Pégase.
[2] Cf. *Tcheou-li*, livre XXVII, *Sse-tchang* et XL.

ornement. La bande de soie est d'un lé d'étoffe entier [1].

La couleur des Tcheous constituant un prince était le rouge parce que c'est celle de tout ce qui naît et se forme (dans le règne végétal). De là les étendards *tsing* et *k'ï* étaient entièrement de soie rouge [2]. Les plumes et poils attachés au sommet du bâton et le pennon à la base de la flamme [3] étaient faits comme des queues d'hirondelle.

Cet étendard est porté devant le prince pour annoncer sa présence.

7. Bannière *wuh* [4] 物. Cette bannière a la même forme que la précédente ; mais elle a de plus un bord tout du long de la flamme et des pointes. Elle est de soie de couleur variée ou plutôt, selon le commentaire du *Tcheou-li,* elle est de soie rouge (couleur distinctive de la dynastie Yin) avec un bord de soie de couleur blanche [5]. On emploie encore la couleur de cette ancienne dynastie pour

[1] Voir *Tcheou-li, ib.,* et *Commentaires.*

[2] Les anciennes dynasties se donnaient une couleur particulière. Celle des Yin-Shang était le blanc.

[3] Bande de soie courte qui retombait sur le dessus de la flamme. La base est opposée aux pointes.

[4] Le mot *wuh* signifie « chose, objet, créature quelconque » et n'a aucun sens spécial en cette occasion.

[5] Litt. « Soie variée, en ce que la soie rouge est ornementée sur son bord par une soie blanche ». (*Tcheou-li,* XXVII; *Sse-tchang, initio.*) C'est ce que Biot écrit *we.*

enseigner et favoriser les règles de conduite correctes des anciens souverains[1].

C'est la bannière que les fonctionnaires supérieurs (Ta-fous) et les Shis plantent dans leurs chars.

8. Bannière *t'ao* 翿 (« à plumes »). Cet étendard est formé de plumes attachées ensemble, formant une longue bande qui tient par un cordon à la gueule du dragon[2]. Ces plumes sont rangées trois par trois, celle du milieu un peu plus basse que les deux autres, et finissent par un rang de deux, puis une seule. Le ruban court tout du long par derrière et se prolonge en dessous pour aller se lier à la hampe.

Les plumes qui composent cette bannière sont blanches et rouges. Cet étendard sert principalement au concours de tir donné par un prince à ses officiers et aux gens de mérite de son état[3]. A cette fête, le marqueur des coups heureux portant une bannière *t'ao* se place au sud du but, tourné vers l'est. Quand une flèche touche au but, il lève son étendard et pousse un haut cri.

C'est aussi l'étendard des Shis qui n'ont point d'insignes particuliers en raison de leurs fonctions

---

[1] Biot traduit d'une manière contraire et fait le fond de la bannière blanc avec un bord bigarré; mais le texte est formel et ne laisse place à aucun doute. Le *Commentaire Kù-shih* ne l'est pas moins : *tchong tshi fäng, pek*.

[2] Voir plus haut, p. 38.

[3] Voir plus haut, p. 19, note, et *I-li*, livre VII, pages 140 et suiv. de ma traduction.

ou n'ont point la bannière *wa*. On l'emploie également ment dans les danses guerrières.

. . . .

. . . .

Ces huit espèces de bannières sont les seules dont il soit question au *San-li-t'u*. Le *Tchou-li* en mentionne encore d'autres au livre XXVII *Sse-tchang* et au livre XL déjà cités. Il distingue les plumes entières, *soui*; les plumes coupées, *tsing*. Les premiers servent au char d'ivoire que le souverain emploie pour ses promenades journalières; les secondes sont réservées au char des grandes chasses, des inspections de frontières, etc. Sur chacune d'elles on peint, on brode une figure, des traits caractéristiques : office, nom du district, titre d'honneur, etc. Quelques-unes ont encore d'autres signes particuliers : arcs, flèches et autres objets.

Le *Li-ki* a aussi un passage relatif aux étendards; mais ils sont considérés à un autre point de vue. Il s'agit simplement d'une sorte de signaux indiquant à un corps d'armée sa direction, ou les circonstances qui intéressent sa marche. Certains points concernent les chasses. Voici ce passage avec quelques explications : « Quand il y a de l'eau devant les chars, on doit (pour l'indiquer) déployer l'étendard (à l'oiseau) vert. Si c'est une poussière (gênante), on déploiera l'étendard aux faucons vivants. Pour indiquer des chars et des cavaliers, ce sera celui aux oies sauvages volant en troupe. Pour indiquer un corps de troupe,

ce sera le drapeau de peau de tigre; et celui au léopard, s'il s'agit d'une bête féroce (tigre, léopard,
hyène ou autre).

« Quand un corps d'armée est en marche, le drapeau à l'oiseau rouge est en avant et celui au guerrier noir en arrière; le dragon bleu à gauche et le
tigre blanc à droite; le drapeau signal (au milieu)
au-dessus de tout, ou l'aigle, pour exciter l'ardeur
des soldats. »

« Quand le roi est en route, dit le *Sou*, il faut
l'avertir de tout ce qui se présente pour qu'il puisse
se mettre en garde. C'est pourquoi on use de différents drapeaux. »

Plusieurs de ceux-ci nous sont connus. Nous
avons vu les étendards aux faucons et aux tigres.
Ceux qui portent l'oiseau rouge et le guerrier noir
sont les drapeaux *chun-ho* et *y ing-tchi* expliqués ci-
dessus nᵒˢ 3 et 5. L'oiseau vert est (d'après le *Sou*)
un petit oiseau aquatique qu'il ne nomme point.
Les oies volant en troupe régulière figurent un corps
de chars ou de cavaliers marchant en ordre. Le
tigre s'avançant avec courage et dignité représente
bien des guerriers en marche. Le drapeau-signal
que l'on agite à cet effet porte les sept étoiles de la
grande ourse ou les figure. On l'agite pour donner
le signal de la marche; quand le corps d'armée est
en mouvement, on l'abaisse. Par ses mouvements on
cherche à émouvoir le cœur des guerriers et à les
exciter à lutter vaillamment. C'est ainsi que *Liu-
shi* explique les deux termes du texte.

Les commentaires ajoutent d'autres détails, mais ils sont étrangers à notre sujet. Nous nous arrêterons à ce point. Remarquons seulement avec les divers interprètes que la mention des cavaliers (*k'i*) nous ramène, quant au *Li-ki*, aux derniers temps de la dynastie des Tcheous.

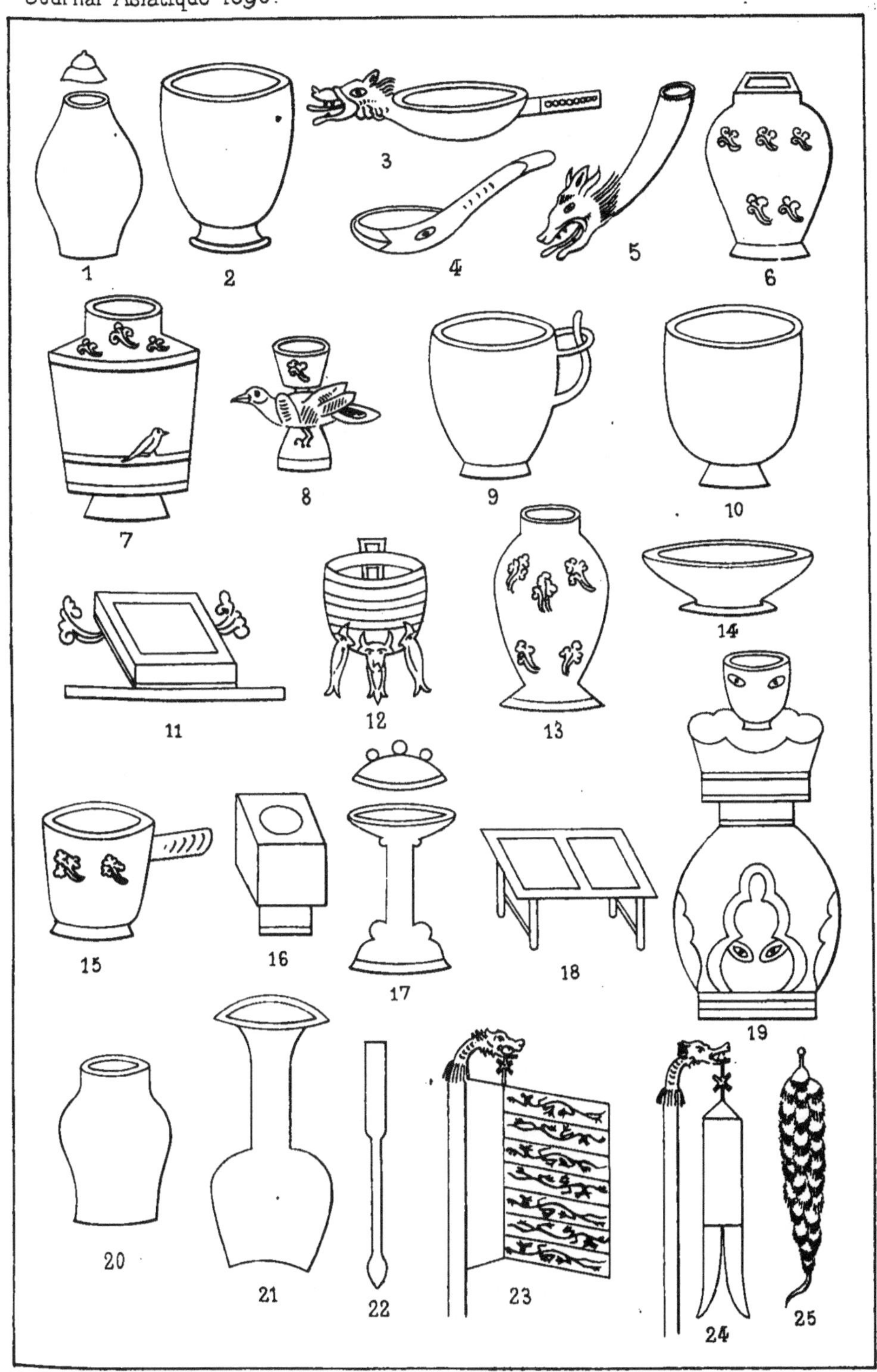

www.ingramcontent.com/pod-product-compliance
Lightning Source LLC
LaVergne TN
LVHW010408060726
842526LV00005B/1576